BEI GRIN MACHT SI[C
WISSEN BEZAHLT

- Wir veröffentlichen Ihre Hausarbeit,
  Bachelor- und Masterarbeit

- Ihr eigenes eBook und Buch -
  weltweit in allen wichtigen Shops

- Verdienen Sie an jedem Verkauf

Jetzt bei www.GRIN.com hochladen
und kostenlos publizieren

Hakan Yildirim

Polizei und Psychologie - Geschichte der Rechts- und Polizeipsychologie

GRIN Verlag

Bibliografische Information der Deutschen Nationalbibliothek:

Die Deutsche Bibliothek verzeichnet diese Publikation in der Deutschen National-
bibliografie; detaillierte bibliografische Daten sind im Internet über http://dnb.d-
nb.de/ abrufbar.

Dieses Werk sowie alle darin enthaltenen einzelnen Beiträge und Abbildungen
sind urheberrechtlich geschützt. Jede Verwertung, die nicht ausdrücklich vom
Urheberrechtsschutz zugelassen ist, bedarf der vorherigen Zustimmung des Verla-
ges. Das gilt insbesondere für Vervielfältigungen, Bearbeitungen, Übersetzungen,
Mikroverfilmungen, Auswertungen durch Datenbanken und für die Einspeicherung
und Verarbeitung in elektronische Systeme. Alle Rechte, auch die des auszugsweisen
Nachdrucks, der fotomechanischen Wiedergabe (einschließlich Mikrokopie) sowie
der Auswertung durch Datenbanken oder ähnliche Einrichtungen, vorbehalten.

Impressum:

Copyright © 2007 GRIN Verlag GmbH
Druck und Bindung: Books on Demand GmbH, Norderstedt Germany
ISBN: 978-3-656-36228-9

Dieses Buch bei GRIN:

http://www.grin.com/de/e-book/70417/polizei-und-psychologie-geschichte-der-
rechts-und-polizeipsychologie

GRIN - Your knowledge has value

Der GRIN Verlag publiziert seit 1998 wissenschaftliche Arbeiten von Studenten, Hochschullehrern und anderen Akademikern als eBook und gedrucktes Buch. Die Verlagswebsite www.grin.com ist die ideale Plattform zur Veröffentlichung von Hausarbeiten, Abschlussarbeiten, wissenschaftlichen Aufsätzen, Dissertationen und Fachbüchern.

Besuchen Sie uns im Internet:

http://www.grin.com/

http://www.facebook.com/grincom

http://www.twitter.com/grin_com

FACHHOCHSCHULE FÜR ÖFFENTLICHE VERWALTUNG
NORDRHEIN-WESTFALEN

- ABTEILUNG GELSENKIRCHEN -

Polizei & Psychologie

Geschichte der Rechts- und Polizeipsychologie

Seminararbeit im Studienabschnitt 3.2

vorgelegt von:

Hakan Yildirim
Polizeiobermeister/ Kommissarbewerber

Gelsenkirchen, den 23.02.2007

Inhaltsverzeichnis

Vorwort

In dieser Seminararbeit soll die Wichtigkeit der Psychologie in der Polizei aufgezeigt werden. Obwohl die Polizei sich früher der Wissenschaft verschloss, merkt man heute die Anerkenntnis der Polizei gegenüber der Psychologie.

Die Polizeipsychologie nimmt in unserer heutigen Zeit einen hohen Stellenwert bei der Polizei ein. Sie wird eingesetzt in der Auswahl und Ausbildung von Polizeibeamten, bei außergewöhnlichen Einsatzlagen sowie unter anderem in der Kriminalitätsforschung.

Die Seminararbeit soll zunächst die geschichtliche Entwicklung der Psychologie und der Polizeipsychologie aufzeigen, wie sie sich in der Polizei etablieren konnte und wie weit sich die Integration bis heute entwickelt hat.

Es soll auch verdeutlicht werden, in welchen Aufgabenfeldern Polizeipsychologen innerhalb der Polizei eingesetzt werden und welche Tätigkeiten sie dort ausführen.

Es ist nicht von der Hand zu weisen, dass die Polizei ohne psychologische Ansätze nicht die Erfolge in Einsatzlagen, in der Personalentwicklung, im organisatorischen Bereich oder in der Kriminalitätsbekämpfung hätte erzielen können, wie sie es in den vergangenen Jahren vorweisen kann.

Aus aktuellem Anlass wurde in dieser Seminararbeit als Beispiel die gewalttätige Ausschreitungen nach einem Fußballspiel in Leipzig vom 10.02.2007 aufgeführt, um aufzuzeigen, wie durch psychologische Ansätze solche Ausschreitungen vermieden, zumindest aber minimiert werden können. Denn nur mit polizeilichen Mitteln, ohne psychologische Analysen und Untersuchungen, ist eine optimierte Arbeit der Polizei nicht möglich. Erst wenn man die Ursachen für solche gewaltigen Ausschreitungen kennt, kann man präventiv tätig werden. Hier soll noch einmal die Wichtigkeit der Zusammenarbeit zwischen Psychologen und Polizei verdeutlicht werden.

1. Psychologie

1.1 Geschichte der Psychologie

Die Psychologie ist eine relativ junge Wissenschaft mit einer recht bewegten Geschichte, in der es immer wieder zu Veränderungen und der Gründung neuer Schulen kam. Damit man die Geschichte der psychologischen Theorien und Forschungszweige besser verstehen kann, soll an dieser Stelle ein kurzer Abriss der Psychologiegeschichte gegeben werden.

Die Anfänge der Psychologie, die der Philosophie entstammt, reichen von ca. 390 v. Chr., wo Plato ein „Schichtenmodell der Seele" entwickelte, über Aristoteles, der ein erstes Lehrbuch „über die Seele" schrieb, bis ins Jahr 1913. Aristoteles war auch der, der die Philosophie und Psychologie erstmals voneinander trennte. Er untersuchte das Verhältnis von Seele und Körper und gilt heute als der Vater der Psychologie. Im 18. Jahrhundert führte Christian Wolff (1676-1754) die Begriffe Psychologie und Bewusstsein in die deutsche Sprache ein. Im Jahre 1879 wurde das erste psychologische Laboratorium in Leipzig durch W. Wundt gegründet. S. Freud veröffentlichte zusammen mit J. Breuer 1895 die erste Fallstudie einer "psychoanalytisch" behandelten Patientin ("Studien über Hysterie"). W. Stern entwickelte 1911 das Konzept des Intelligenz-Quotienten (IQ). Im Jahre 1912 begründet M. Wertheimer ("Über das Phi-Phänomen") mit seiner Untersuchung von Scheinbewegungen die Gestaltpsychologie. J. B. Watson ("Psychologie aus der Sicht des Behavioristen") entwickelte programmatisch die methodischen Prinzipien des Behaviorismus.[1]

1.2 Definition Psychologie

Psychologie ist eine empirische Wissenschaft, die durch Methoden wie das Experiment, Tests (z.B. Intelligenztests), Fragebögen (z.B. Persönlichkeitsfragebögen), auch das Interview sowie Verfahren der Medizin und Physiologie (z.B. das EEG oder die Kernspintomographie) anwendet, um menschliches Verhalten und Erleben zu beschreiben, vorherzusagen und zu erklären. Durch die dadurch gewonnen Daten, werden unter Anwendung von statistischen Methoden die vorher aufgestellten Hypothesen über den Zusammenhang des menschlichen Verhaltens und Erlebens überprüft. Obwohl es in der Geschichte der Psychologie immer wieder neue

---

[1] Stangl, Werner:
Internet: http://www.stangl-taller.at/ARBEITSBLAETTER/WISSENSCHAFTPSYCHOLOGIE/PsychologieZeittafel.shtml
[Stand: 20.02.2007]

Definitionsversuche des Faches gab, in die auch die Aspekte des Alltagsverständnisses von Psychologie hineinspielten, kann man diese Definition der Psychologie als heute am gebräuchlichsten ansehen.[2]

Psychologie ist die Wissenschaft vom Erleben und Verhalten des Menschen. Sie beobachtet, registriert und klassifiziert menschliches Verhalten und Erleben, analysiert physische, psychische und soziale Bedingungen, die mit dem Auftreten bestimmter Verhaltens- und Erlebensweisen in Zusammenhang stehen. Sie versucht, Ursachen und Folgen solcher Erlebens- und Verhaltensweisen aufzuzeigen und Vorhersagen über die Wahrscheinlichkeit ihres Auftretens in bestimmten Situationen zu machen. Sie entwickelt Strategien, die zu planmäßigen Veränderungen von Verhaltens- und Erlebensweisen führen, und Methoden, mit denen der Effekt solcher Strategien überprüft werden kann.[3]

2. Rechtspsychologie

2.1 Begriff der Rechtspsychologie

Eine Erklärung für den Begriff Rechtspsychologie liefert Luise Greuel, die die Rechtspsychologie als die historisch älteste Disziplin der angewandten Psychologie beschreibt, die sich mit dem Verhalten und Erleben von Menschen im Rechtssystem beschäftigt. Die Rechtspsychologie beinhaltet eine ganze Reihe von spezifischen Teilbereichen, die in drei Säulen integriert werden können.

2.2 „Drei-Säulen-Modell" der Rechtspsychologie

Diese Integrierung der spezifischen Teilbereiche wird auch das *"Drei-Säulen-Modell"*[4] genannt, wie unten graphisch dargestellt:

---

[2] Darstellung gemäß: Walter, Oliver, ohne Jahr. Internet:
http://www.verhaltenswissenschaft.de/Psychologie/Geschichte_der_Psychologie/geschichte_der_p
sychologie.htm [Stand: 25.01.2007]
[3] Darstellung gemäß: Pospeschill Markus, o.J, http://72.14.221.104/search?q=cache:LgsEMWwy-
tUJ:www.uni-
saarland.de/fak5/psy/V1.pdf+psychologie+Begriffsbestimmung&hl=de&ct=clnk&cd=5&gl=de
[Stand: 25.01.2006]
[4] Darstellung gemäß: Greuel, Luise in Anlehnung an Spohrer, 1985. In: Lorei (Hrsg.), 2003, S.77-80

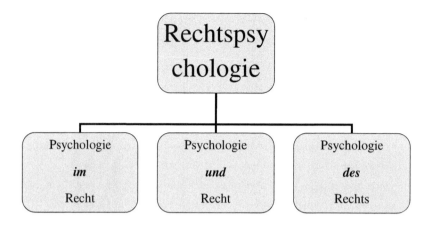

In der ersten Säule, der Psychologie *im* Recht, beschäftigt sich die
Rechtspsychologie unter anderem mit der Forensischen Psychologie, der
Kriminalpsychologie, der Viktimologie und der **Polizeipsychologie**[5].

Die Forensische Psychologie gilt als sogenannte Hilfsdisziplin der Justiz. Hierbei
bringen die Forensisch-psychologischen Sachverständigen durch
Sachverständigenbegutachtungen ihre Sachkunde ein und helfen damit
einzelfallorientiert den Richtern bei ihrer Urteilsbildung. Die eigentliche Tätigkeit
der Forensisch-psychologischen Sachverständigen ist die aussagepsychologische
Begutachtung der Glaubhaftigkeit von Zeugenaussagen. Die Kriminalpsychologie
versteht ihre Aufgabe bei der Untersuchung von Enstehungsbedingungen und
Erscheinungsweisen kriminellen Verhaltens. Des Weiteren beschäftigen sie sich mit
der Erarbeitung von Präventionsprogrammen oder aber auch mit der Unterstützung
kriminalpolizeilicher Ermittlungstätigkeiten. Mit der Lehre vom Verbrechensopfer,
der Viktimologie, werden die durch Untersuchungen gewonnenen Erkenntnisse für
die Entwicklung opferorientierten Maßnahmen nutzbar gemacht.

Die zweite Säule, Psychologie *und* Recht, beschäftigt sich zum Beispiel mit der
Psychologie der Zeugenaussage und der Psychologie der richterlichen
Urteilsbildung. Durch „Determinanten und Implikationen richterlicher
Urteilsbildung"[6] oder aber der „polizeilichen Vernehmung"[7] wird das Interesse über

---

[5] Polizeipsychologie ein Teil der Rechtspsychologie
[6] Darstellung gemäß: Greuel, 2003. Zitiert nach: Löschper, 1999. In: Lorei [Hrsg.], 2003, S.78
[7] Darstellung gemäß: Greuel, 2003. Zitiert nach: Greuel, 1993. In: Lorei [Hrsg.], 2003, S.78

das Funktionieren des Rechtssystems der Wissenschaft geweckt, die dann diese systematisch analysiert.

Die Psychologie *des* Rechts sieht ihre Aufgabe darin, die Abhängigkeit von Verhalten und Recht zu analysieren. Das bedeutet einerseits, wie die Verhaltenswirksamkeit, also das Verhalten von Menschen, durch Rechtsnormen beeinflusst wird. Und andererseits die Untersuchung von Bedingungen für neue Rechtsnormen, wegen neuen menschlichen Verhaltensweisen, wie zum Beispiel bei der Internetkriminalität.

Wie man dem Drei-Säulen-Modell entnehmen kann, ist die Rechtspsychologie eine breit gefächerte Teildisziplin der Psychologie. Nicht nur die Justiz, sondern vor allem die Polizei kann die Theorien, Methoden und Befunde der Rechtspsychologie für sich instrumentell und konzeptionell brauchbar machen. Jedoch geschieht dies bis heute nicht. Weder in der Aus- und Fortbildung, noch in polizeispezifischen Literaturen werden diese Theorien, Methoden und Befunde der Rechtspsychologie hinreichend mit einbezogen.

Obwohl die Vernehmung durch Polizeibeamte einer der wichtigsten ihrer Aufgaben darstellt, zögert die Polizeiführung immer noch, das Thema Vernehmung in die Aus- und Fortbildung, aber auch in polizeispezifische Fachliteraturen ausführlich zu integrieren. Im Gegensatz zur Polizei hat die Justiz die Wichtigkeit rechtspsychologischen Wissens für die juristischen Tätigkeiten erkannt und nach jahrzehntelangen Diskussionen letztendlich durch das Grundsatzurteil des BGH vom 30.07.1999; BGHSt 45, 164, weitestgehend eingeführt.[8]

3. Polizeipsychologie

3.1 Begriff der Polizeipsychologie

Um die Polizeipsychologie zu verstehen, muss man zunächst wissen, was eigentlich Polizeipsychologie ist und wer die Polizeipsychologie ausführt. An einer gültigen und präzisen Definition für den Begriff „Polizeipsychologie" fehlt es, da unterschiedliche Erwartungen an den Polizeipsychologen gesetzt werden. Die Polizeipsychologie kann man jedoch in drei Bereiche unterteilen:

---

[8] Darstellung gemäß: Greuel, 2003. In: Lorei [Hrsg.], 2003, S.77-80

- **Psychologie für die Polizei**, die sich mit der Entwicklung bzw. mit der Bereitstellung von psychologischem Eignungstest zur Personalauswahl oder von Verhaltenstrainings für Polizeibeamte beschäftigt.

- **Psychologie der Polizei**, die sich mit der Motivation von Polizeibeamten in ihrem Beruf oder mit der Untersuchung von aggressivem Verhalten beschäftigt.

- **Psychologie in der Polizei**, die sich mit Vernehmungs- bzw. Verhandlungstechniken, auf psychologischer Basis beschäftigt.

Die Polizeipsychologie wird von Fachpsychologen in den Polizeien aller deutschen Bundesländer und des Bundes (wie z.b. beim Bundesgrenzschutz und Bundeskriminalamt) betrieben.

Jedoch unterscheiden sich die Aufgaben der Polizeipsychologen innerhalb der Polizeien, da aus deren Sicht unterschiedliche Erwartungen an die Polizeipsychologen gesetzt werden. Die Einen erwarten lediglich eine allgemeine Alibifunktion des Polizeipsychologen, wobei Andere die Ansicht vertreten, das die Psychologie tatsächlich helfen kann, praktische Probleme im polizeilichen Alltag zu lösen. Welche Ansicht die Richtige ist, hängt wahrscheinlich von den Erfahrungen mit den Polizeipsychologen im Einzelnen ab, ob diese wirklich bei problematischen Einsätzen helfen konnten oder nicht. [9]

„Polizeipsychologe kann sich jeder nennen, der glaubt, von Psychologie und Polizei etwas zu verstehen."[10]

3.2 Geschichte der Polizeipsychologie

Die Psychologie bei der Polizei hat nun eine über 80jährige Geschichte und hat sich in den zwanziger Jahren in Deutschland etabliert. Zur Kaiserzeit wurden deutsche Polizeibeamte aus den Unteroffiziercorps der Armee rekrutiert, die als Werkzeug des Herrscherwillens benutzt wurden. Die Psychologie kam während der Weimarer Republik erstmals mit der Polizei in Kontakt.[11]

Alles begann am 27.01.1920, wo das Preußische Innenministerium durch Erlass eine psychologische Vorprüfung für die Kommissarslaufbahn einführte.

---

[9] Darstellung gemäß: Schmalzl, Hans Peter & Stein, Frank. In: Stein (Autor/Hrsg.): 2003, S.11

[10] Zitiert nach Schmalzl, 2003. In: Lorei (Hrsg.): 2003, S.98.

[11] Darstellung gemäß: Schmalzl & Stein. In: Stein (Hrsg.), 2003, S.11

Der damalige Innenminister Carl Severing schrieb:

> *„Wer den Dienst in der Schutzpolizei nur als eine andere Form des Militärdienstes betrachtet, ist in der Polizei fehl am Platze. (…) Die Anforderungen, die an den Polizeioffizier gestellt werden mussten, waren sehr viel größer und mannigfaltiger, als sie früher von den Armeeoffizieren erwartet wurden. (…) Je mehr der Polizeioffizier Wirtschaftler, Soziologe und nicht zuletzt Psychologe wurde, desto leichter wurde ihm die Erfüllung seiner Sendung."*[12]

Anschließend verkündete der Berliner Polizeipräsident am 09.12.1920 die obligatorische Einführung einer psychotechnischen Vorprüfung auch für die unteren Beamtenstellen.[13]

Seit Beginn der zwanziger Jahre wurde die wissenschaftliche Psychologie, ausgehend vom Preußischen Polizeiinstitut Berlin-Charlottenburg, immer mehr in die Polizei integriert. Sie diente dazu, geeignete Personalauswahlverfahren bereitzustellen und die Polizeibeamten psychologisch-pädagogisch aus- und fortzubilden.[14]

Im Jahre 1924 wurde durch Schulte ein Testverfahren zur Personalauswahl von Beamten der Schutzpolizei abgeschlossen, womit die Entschlussfähigkeit, Mut, Ausdauer und andere Eigenschaften festgestellt werden sollten. Die Durchführung der Test zur Feststellung der oben genannten Eigenschaften erfolgte im Vergleich zu den heutigen Tests mit Apparaturen, die sehr skurril und aufwändig waren. Um die Suggestion zu prüfen, benutzte Schulte z.B. kochendes Wasser, um die Willensenergie feststellen zu können, wurde die Ausdauer am Zugkraftprüfer getestet. Des Weiteren wurde die Untersuchung auf Entschluss durchgeführt, in dem der Bewerber ein fallendes Gewicht durch Geschwindigkeit abbremsen musste, wobei die Länge der Fallstrecke die Entschlussfähigkeit widerspiegelte.[15]

Durch den Nationalsozialismus wurde die psychologische Arbeit unterbrochen, da

---

[12] Zitiert nach Maly et al., 1956. Lorei (Hrsg.), 2003, S.105
[13] Darstellung gemäß: Egg Rudolf, 1990, S.3
[14] Darstellung gemäß: Schmalzl & Stein. In: Stein (Hrsg.), 2003, S.11-12
[15] Darstellung gemäß: Egg, 1990, S.3

das Fach Psychologie 1933 am Berliner Polizeiinstitut komplett gestrichen und der Leiter des Faches strafversetzt wurde.[16]

Nach der Nachkriegszeit wurde 1949 in Münster-Hiltrup das Polizeiinstitut gegründet. Heute hat dort die Polizei-Führungs-Akademie ihren Sitz. Auf Basis der noch vorhandenen Aufzeichnungen des ehemaligen Preußischen Polizeiinstitutes wurde das Fach Psychologie weiter gelehrt. Jedoch konnte sich die Polizeipsychologie nur langsam weiterentwickeln, da die Psychologie an den Polizeischulen als ein nicht prüfungsrelevantes Fach und nicht berufsbezogen unterrichtet wurde.

Erst 1964 wurde der erste Polizeipsychologische Dienst bei der Stadtpolizei München durch den Münchener Polizeipräsidenten Dr. Manfred Schreiber ins Leben gerufen. Der Polizeipsychologische Dienst hatte die Aufgabe bekommen, die Polizeiführung „über alle psychologischen Grundfragen des alltäglichen und auch außergewöhnlichen Dienstbetriebes"[17] zu informieren, sowie polizeirelevante Forschung zu betreiben und Lehraufgaben wahrzunehmen.

Durch die erfolgreiche Erprobung der psychologischen Unterstützungs- und Beratungsmöglichkeiten im polizeilichen Einsatzgeschehen, konnte sich die Polizeipsychologie hier verfestigen und sich weiterentwickeln. Obwohl das Münchener Modell sich bewährte, zögerten andere Bundesländer mit der Einführung eines polizeipsychologischen Dienstes, die im Einsatzgeschehen mitwirken sollte.[18]

3.3 Polizeipsychologie heute in Deutschland

Heute sind insgesamt 139 Diplompsychologen in den Polizeien von Bund und Ländern beschäftigt, davon 53 Frauen. In der Polizei des Bundes (BGS) sind sieben Diplompsychologen, davon vier Frauen und zwölf beim Bundeskriminalamt (BKA), davon vier Frauen beschäftigt. In NRW sind 28 Diplompsychologen, davon zehn Frauen beschäftigt, darunter 16 an FHöV ohne Polizeizugehörigkeit. (siehe Anhang – Graphik 1).

Eine Umfrage unter Polizeipsychologen/innen in den Polizeien von Bund und Ländern Februar 2003 ergab, das 69 Psychologen in der Lehre, davon ca. 51 in Fachhochschulen, 49 Psychologen in Polizeipsychologischen Diensten, elf Psychologen als Handschriftensachverständige, fünf Psychologen in der Forschung,

---

[16] Zitiert nach: Stiebitz, 1974. In: Stein, 2003, S.12
[17] Zitiert nach: Schreiber, 1965. In: Stein, 2003, S.12
[18] Darstellung gemäß: Schmalzl & Stein. In: Stein (Hrsg.), 2003, S.12

ein Psychologe in der Verwaltung und abschließend ca. vier Diplompsychologen in anderen Bereichen verwendet werden. (siehe Anhang – Graphik 2).

In den Psychologischen Diensten werden 63 Polizeipsychologen zur Auswahl, Entwicklung und Aus- und Fortbildung des Personals eingesetzt. 45 Psychologen sind für die Beratung und Betreuung, neun Psychologen für Forschung und acht Psychologen für Projektarbeiten zuständig. Für die Öffentlichkeitsarbeit werden zwei Psychologen, für die Einsatzunterstützung im täglichen Dienst 16, für die Unterstützung von Spezialeinheiten vier, für die Unterstützung der Verhandlungsgruppen sechs, für die Unterstützung der kriminalistischen Ermittlungsarbeit fünf und bei der Unterstützung der Operativen Fallanalyse sieben Psychologen eingesetzt. Drei Psychologen werden für die Unterstützung bei Führungsaufgaben tätig.[19]
(siehe Anhang – Graphik 3).[20]

3.4 Aufgabenfelder der Polizeipsychologen

Die psychologische Arbeit bei der Polizei kann nicht genau festgelegt werden, da viele Faktoren die Schwerpunkte der Aufgabenfelder der Psychologen stark beeinflussen. Zu nennen wären da, „politische Großwetterlagen, spektakuläre Ereignisse, kulturelle Strömungen, Vorlieben einzelner Entscheidungsträger in Politik und Polizeiführung".

In der Vergangenheit wurde der sogenannte „Allrounder" unter den Polizeipsychologen, der alle Bereiche der Aufgabenfelder bei der Polizei alleine abdeckte, wie u.a. die Leitung von Seminaren, die Führung von Beratungsgesprächen, Einsatzunterstützung, Coaching von Führungskräften und Unterstützung bei der Personalauswahl, eingesetzt.[21] Dies führte jedoch zu einer ständigen Überforderung des Polizeipsychologen. Daher hat sich mit der Umwandlung der normalen Polizeischulen in Bildungsinstitute eine Unterteilung der Aufgabenfelder herauskristallisiert. Teilweise wurden die polizeilichen Fachhochschulen verwissenschaftlicht. Dadurch stieg auch der Bedarf an Psychologen bei der Polizei.

Neben dem Einsatz von Psychologen in Fachhochschulen werden diese heute auch in den zwei wichtigsten Aufgabenfeldern eingesetzt. Zum ersten Aufgabenbereich,

---

[19] Darstellung gemäß: Schmalzl, 2003. In: Lorei Clemens (Hrsg.), 2003, S.99-103
[20] Graphiken 1-3. Hermanutz Max, 2006. Darstellung gemäß: Schmalzl: Internet: http://www.psychologie.uni-mannheim.de/fspsycho/downloads/2006.10.10_BIV_HWS_06_-_Vortrag_Hermanutz_-_Polizeipsychologie.pdf [Stand: 28.01.2007]
[21] Zitiert nach: Schmalzl, 1999; Greuel, 2001. In: Stein (Hrsg.), 2003, S.13

Personal- und organisationspsychologische Aufgaben, gehört die Personalent-
wicklung mit Personalauswahl und Personalförderung, sowie die Aus- und
Fortbildung, Spezialschulungen und Trainings. Des Weiteren werden die
Psychologen in Einzel- und Gruppenberatungen für die Polizeiführung und deren
Coaching, für Teamentwicklung, für Psychosoziale Beratung und Betreuung sowie
für Kriseninterventionen eingesetzt. Auch Organisationspsychologische Untersuchungen (z.b. Mitarbeiterbefragungen), sowie Öffentlichkeitsarbeit und
Untersuchungen zur Außenwirkung der Polizei, gehören heute zu den Aufgaben
eines Psychologen im Aufgabenfeld für Personal- und Organisationspsychologie.

Neben diesem Aufgabenfeld gibt es noch die Einsatz- und kriminalpsychologische
Aufgabenbereiche, wo Psychologen konzeptionelle und empirische Beiträge zum
polizeilichen Einsatzhandeln erstellen. Daneben unterstützen und beraten sie bei
Großeinsätzen, in Bedrohungslagen, Geisellagen sowie Amoklagen. Auch bei der
kriminalpolizeilichen Arbeit, wie bei Erstellung von Präventionskonzepten,
Vernehmungen, Erpressungs- und Entführungsfällen, Operative Fallanalysen wie bei
sexuell motivierten Gewalttaten und bei der einsatzbegleitenden Öffentlichkeitsarbeit, unterstützen die Psychologen die Polizei.[22] „Die Einsatz-möglichkeiten sind
fast unbegrenzt."[23]

3.4.1 Aufgabenfeld Personalentwicklung

Die Diplompsychologen nehmen in unserer heutigen Zeit einen hohen Stellenwert
bei der Polizei ein und sind in die Auswahl- und Fördergremien mit eingebunden, um
den Führungsnachwuchs speziell zu fördern. Die Psychologen beschäftigen sich mit
der Neuentwicklung von Testverfahren und andere Verfahren zur Personalauswahl
oder machen bereits bestehende Testverfahren für die Polizei nutzbar. Die
klassischen Testverfahren, wie Intelligenz-, Konzentrationsleistungs- und Sprachtests
und weitere, bilden heute immer noch den wesentlichen Kernpunkt als Auswahl-
instrument für die Einstellung bei der Polizei. Seit den neunziger Jahren legt man
jedoch mehr Wert auf persönliche und soziale Kompetenzen wie Stressstabilität,
Kommunikationsfähigkeit oder Menschenführung sowie auch auf die Motivation für
den Beruf sowie auf Leistungsbereitschaft. Viele Polizeien benutzen heutzutage
Methoden wie strukturierte Interviews, biographische Fragebögen oder das

---

[22] Darstellung gemäß: Stein, 2003, S.13-14
[23] Zitiert aus: Egg, 1990, S.9

Assessment-Center, wobei letzteres sich als Standardverfahren zur Auswahl für höhere Führungspositionen bewährt hat und immer noch genutzt wird.[24]

3.4.2 Aufgabenfeld Aus- und Fortbildung

Psychologen sind für die Aus- und Fortbildung von Polizeibeamten nicht wegzudenken. Sie leisten einen enormen Beitrag für angehende und sich weiterbildende Polizeibeamte. Dieser Tätigkeitsbereich ist für den Psychologen schon seit der Etablierung der Psychologie in der Polizei bekannt. Die Psychologen vermitteln den angehenden Polizeibeamten in den Fachhochschulen im Fach Psychologie das Grundwissen über Themenbereiche, die für den täglichen Dienst von enormer Bedeutung sind. In den Fachhochschulen in Nordrhein-Westfalen wird psychologisches Wissen in etwa 89 Gesamtstunden vermittelt.[25]

„Die Studierenden sollen im S1 und S2

- *die Bedeutung der Psychologie für die Handlungsfelder des öffentlichen Dienstes erkennen*

- *wesentliche Faktoren kennen, mit denen sich sowohl eigenes Verhalten als auch das von Bürgerinnen und Bürgern sowie Mitarbeiterinnen und Mitarbeitern und Vorgesetzten beschrieben, erklären, prognostizieren und beeinflussen lässt*

- *die Bereitschaft entwickeln bzw. festigen, eigenes Verhalten am Selbstverständnis des öffentlichen Dienstes und an den Aufgaben und organisatorischen Notwendigkeiten der konkreten beruflichen Tätigkeitsfelder auszurichten*

sowie im S3.1 und S4

- *den polizeilichen Auftrag effektiv erfüllen und dabei die psychologischen und sozialen Bezüge des Handelns erkennen und berücksichtigen*

- *ihre Handlungskompetenz im Umgang mit Bürgerinnen und Bürgern sowie Kolleginnen und Kollegen, als auch Mitarbeiterinnen und Mitarbeitern und Vorgesetzten erhöhen*

---

[24] Darstellung gemäß: Stein, 2003, S.14-15
[25] Darstellung gemäß: Fachbereichsrat Polizeivollzugsdienst, Studienordnung, 13.01.2004

- *Kommunikation und Kooperation im Binnenverhältnis der Polizei und*
  im Kontakt mit Bürgerinnen und Bürgern verbessern und
  wirkungsvoller nutzbar machen"[26]

Ziel dieses Unterrichtes ist es, das jeder einzelne Beamte in vielen unterschiedlichen Situationen eine professionelle Handlungskompetenz vorbringen kann.[27]

Die Polizei ist bekannt für die Spezialisierungsmöglichkeiten innerhalb ihrer Behörde. In zeitlichen Abständen müssen ausgebildete Polizeibeamte auch Entscheidungen über ihre weitere berufliche Weiterbildung treffen. Sie können sich für bestimmte Einsatzbereiche spezialisieren, die jedoch einer Spezialschulung bedarf. Um zum Beispiel in Spezialeinsatzkommandos, Verhandlungsgruppen oder als verdeckter Ermittler verwendet werden zu können, müssen sich die Polizeibeamten einem Auswahlverfahren unterziehen. Durch diese Auswahlverfahren, die unter Mitwirkung oder von Psychologen erstellt werden, kann man ersehen, ob die Polizeibeamten die Anforderungen dieser Spezialaufgaben erfüllen.[28]

3.4.3 Aufgabenfeld Beratung und Betreuung

Dieses Aufgabenfeld ist für den Polizeipsychologen noch nicht so alt. Erst in den letzten Jahren erkannte man, das Polizeibeamte nach extremen Einsatzsituationen, aber auch wegen privaten sowie innerdienstlichen Problemen z.B. Mobbing durch Kollegen, nicht mehr in der Lage waren, die Probleme selbst zu lösen. Früher aber auch teilweise heute noch vertreten viele Polizeibeamte immer noch die Meinung, das Hilfsbedürftigkeit und das Eingestehen von psychisch belastenden Einsätzen ein Zeichen für Schwäche darstellt. Erst in den letzten Jahren waren Polizeipsychologen wieder gefragt. Wie das Beispiel der Zentralen Psychologischen Dienst der Bayrischen Polizei von 1998 bis 2001 zeigt, haben sich die Beratungsfälle von 83 auf 181 mehr als verdoppelt. Die Gründe dafür sind z.B. innerdienstliche Probleme wie Mobbing und Burnout, über posttraumatische Störungen nach einem Schusswaffengebrauch bis hin zu Problemen wie Alkoholmissbrauch, Depressionen, Ängste,

---

[26] Zitiert aus: Reader, Ausgabe 2006, zum Curriculum vom 06.08.2001 zum Studium an der FHöV NRW, Psychologie, S.4
[27] Darstellung gemäß: Schmalzl & Stein. Zitiert nach: Gruber & Jedamczik, 2000. In: Stein (Hrsg.), 2003, S.16
[28] Darstellung gemäß: Remke, Stefan. In: Stein (Hrsg.), 2003, S.227

Suizidalität und auch familiäre bzw. finanzielle Probleme. Innerhalb der Polizei wird dennoch keine Psychotherapie angeboten.[29]

„Zielsetzung und Aufgabe des Zentralen Psychologischen Dienstes wird es auch weiterhin sein, sich hier verstärkt einzubringen und zudem Kooperationen mit externen Beratungsstellen und Kliniken zu schließen, um belasteten Kollegen schnellstmöglich effiziente und professionelle Hilfe anbieten zu können".[30]

Die Betreuung von Führungskräften gewinnt auch immer mehr an Wichtigkeit, da bei Problemen, die auch die Mitarbeiterbetreffen eine effektive Problemlösung gefunden werden muss. Auch hier werden die Führungskräfte durch Polizeipsychologen unterstützt, die Teamentwicklung oder auch Problemlöse-Workshops anbieten.

3.4.4 Aufgabenfeld Organisationspsychologische Untersuchungen und Öffentlichkeitsarbeit

Mit Organisationspsychologische Untersuchungen sind u.a. Mitarbeiterbefragungen gemeint. Die Mitarbeiterbefragung gilt als Instrumentarium bei der Polizei, das nicht nur Fehler der Organisation Polizei aufzeigen soll, sondern auch das Gefühl vermittelt, das Mitarbeiter in entscheidende Veränderungen der Polizei mitwirken können.

Früher scheute sich die Polizei, sich der wissenschaftlichen Betrachtung zu öffnen. Heute jedoch kann man auf Organisationspsychologische Untersuchungen nicht mehr verzichten, da diese Untersuchungen viele Optimierungsmöglichkeiten innerhalb der Organisation Polizei aufzeigen und Lösungswege geben können.

Da das Ansehen der Polizei in der Bevölkerung eine sehr große Rolle spielte und es heute noch wichtiger geworden ist, wie die Bevölkerung die Polizei sieht und von ihr erwartet, bedient man sich der Image-Analysen und Untersuchungen zur bürgernahen Außenwirkung der Polizei, das auch „community policing" genannt wird.

Die Psychologen führen diese Untersuchungen mit Soziologen zusammen und beauftragen meist auch externe Einrichtungen wie Universitäten. Auch die Polizei setzt sich stark für die Öffentlichkeitsarbeit ein, indem sie externe Agenturen mit den Untersuchungen beauftragt, wie angesehen sie in der Bevölkerung ist und was diese von ihr genau erwarten.

---

[29] Darstellung gemäß: Stein, 2003, S.16
[30] Zitiert nach Latscha Knut, München, 2005, S.115; http://edoc.ub.uni-muenchen.de/archive/00003250/01/Latscha_Knut.pdf [Stand: 01.02.2007]

3.4.5 Aufgabenfeld Einsatzpsychologische Tätigkeiten

Die Psychologen der polizeipsychologischen Dienste bezeichnen die Einsatzunterstützung, also die aktive psychologische Tätigkeit während eines Polizei-
einsatzes, als die Königsdisziplinen unter den psychologischen Tätigkeiten innerhalb
der Polizei. Vor allem bei außergewöhnlichen Einsatzlagen, darf nur der Psychologe
als Unterstützer tätig werden, der bereits von Berufs wegen in polizeilichen
Strukturen auf Dauer einbezogen ist. Er bekommt somit Zugang zur Polizeiführung
bzw. Einsatzstäben und kann hier den Einsatzleiter oder Polizeiführer über die
Vorgehensweise aus psychologischer Sicht beraten und kann Handlungsempfeh-
lungen aussprechen. Zu Demonstrationen und zu Großveranstaltungen, wie Musik-
und Sportveranstaltungen, Wahlkundgebungen und anderen großen Ereignissen mit
Menschenansammlungen, fordert man einen Fachpsychologen an. Seine Aufgabe
war und ist es, dem Polizeiführer bei solchen Menschenmassen das Verhalten der
Masse aus psychologischer Sicht zu erklären und psychologisch fundierte Hand-
lungsempfehlungen auszusprechen. Bei Einsätzen, wo eine Gefahr für Leib oder
Leben eines Menschen besteht, wie z.B. bei Geiselnahmen, bei Bedrohungsfällen,
wo der Täter droht, sich oder einen anderen Menschen zu töten, sowie bei Amoklagen, übernehmen Verhandlungsgruppen die Kommunikation mit den Tätern. Die
Verhandlungsgruppen werden im Rahmen der Aus- und Fortbildung in einigen
Bundesländern durch die Psychologischen Dienste geschult, die dann ihr Wissen in
Einsätzen auf einer professionellen Art und Weise einsetzen. Die Polizeipsychologen
werden bei solchen Einsätzen generell als Fachberater in diese Verhandlungsgruppen
mit integriert, auf die man jederzeit zurückgreifen kann.

3.4.6 Aufgabenfeld kriminalpsychologische Tätigkeiten

Der Einsatz des Polizeipsychologen in Zusammenarbeit mit der Schutzpolizei
unterscheidet sich deutlich mit der Zusammenarbeit der Kriminalpolizei. Die
Schutzpolizei versucht eine Einsatzlage sofort zu bewältigen, wobei es in der
Zusammenarbeit mit der Kriminalpolizei eher zu einer längerfristigen Zusammenarbeit kommt. Innerhalb der Kriminalpolizei betätigen sich die Polizeipsychologen in
Sonderkommissionen oder Analyse-Teams, um zum Beispiel ein Täterschreiben oder
einen Täteranruf in Erpressungs- oder in Entführungsfällen zu analysieren.

Es war nicht immer so. Obwohl die Schutzpolizei sich den Demokratieprozessen der
Nachkriegszeit anpasste und die Psychologie langsam aber stetig integrierte, wenn

auch nicht vollständig, hielt sich die Kriminalpolizei damit zurück. Da kein politischer, medialer und gesellschaftlicher Druck bestand und die Kriminalpolizei nicht wollte, das man ihre bisherigen Untersuchungs- und Ermittlungsverfahren einer wissenschaftlichen Prüfung unterzieht, verschloss sie sich noch gegenüber der Wissenschaft. Erst seit jüngeren Jahren legte die Kriminalpolizei ihre Scheu gegenüber der Wissenschaft ab und entwickelte mit Psychologen neue Vernehmungstechniken und ließ sie an den zuvor genannten operativen Fallanalysen teilhaben.[31]

4. Einsatz in Fußballstadien: Psychologie und Fan-Verhalten

Warum der Einsatz der Polizei in Fußballstadien nicht nur eine rein polizeiliche Arbeit darstellt, sondern das auch die Psychologie hier eine sehr wichtige Rolle einnimmt, wird in den folgenden Abschnitten ausführlich erklärt. Hierbei soll nicht das Fußballspiel selbst oder die polizeilich taktischen Vorgehensweisen, sondern aus psychologischer Sicht betrachtet, das Verhalten der Fußballfans und deren aggressives Verhalten näher erläutert werden.

4.1 Geschichte des Fan

Zunächst soll erstmal ein kurzer Abriss der Geschichte der Fans beschrieben werden. Das Fußballspiel bot und bietet immer noch den Fans, wie keine andere Sportart, sich mit ihren Vereinen zu identifizieren und dabei ihr Selbstwertgefühl zu steigern. Des Weiteren bietet die Sportart Gemeinschaftserlebnisse mit angstreduzierenden Ritualen und gibt den Fans die Möglichkeit, ihre Emotionen wie das Weinen auszuleben, ohne sofort als unmännlich stigmatisiert zu werden. Nicht nur in Deutschland, sondern auch in anderen Ländern, konnte man in den 1970er Jahren eine Zunahme der Aggressivität der Zuschauer feststellen. Zu dieser Zeit wurde auch die Bezeichnung „Fan" eingeführt. Das typische an diesen Fans waren ihre Schlachtgesänge, die zur Verhöhnung des Gegners gesungen wurden und die Attacken auf deren Anhänger. Hier stand die Polizei vor einem großen Problem. Durch psychologische Ansätze versuchte man hier den gewaltigen Fan von einem friedlichen Zuschauer zu unterscheiden, das Verhalten des gewaltigen Fans richtig einzuschätzen, um mit diesem Verhalten adäquat umzugehen, sowie die Ursachen für die

---

[31] Darstellung gemäß: Schmalzl & Stein. In: Stein (Hrsg.), 2003, S.17-18.

Enstehung der Aggressionen der Fans zu untersuchen, um präventive Handlungs-
möglichkeiten zu entwickeln.

*„Fußballfans sind von dieser Sportart und der sie auf hohem Niveau
Ausübenden faszinierte, dazu meist in Anhängerschaft an einen bestimmten
Verein gebundene Personen."*

Hier kommt es zu einer Identifikation der Fans mit ihren Vereinen.[32]

4.2 Kategorisierung der Fans

Um die vorgenannte Unterscheidung eines friedlichen Fans von einem aggressiven
Fan vornehmen zu können, wurden die Fans unterteilt in:

→ *Konsumorientierte Fans (A-Fan)*

→ *Fußballzentrierte Fans (B-Fan)*

→ *Erlebnisorientierte Fans (C-Fan)*[33]

Die *Konsumorientierten Fans* gehören zu einer Gruppe, die das Fußballspiel als ein
Freizeitangebot neben anderen betrachten und entweder alleine oder in Kleingruppen
ins Stadion gehen, um ein Spiel live zu erleben, oder einfach zu Hause sitzen und das
Fußballspiel vor dem Fernseher verfolgen. Diese Personen gehören zum Teil der
Mittel- und zum Teil der Oberschicht an. Sie sind auch diejenigen, die aufgrund ihrer
finanziellen Möglichkeiten sich die teuren Sitzplätze leisten können. Die meist
friedliche Verhaltensweise zeichnen diese Fans aus. Sie werden als A-Fans
bezeichnet und distanzieren sich von den anderen beiden Gruppen.

Die *Fußballzentrierten Fans* sind hingegen konfliktgefährdet. Diese Fans erkennt
man meist am Erscheinungsbild, ihrer Kleidung. Da sie sich mit ihrem Verein
Identifizieren, tragen sie angefangen von Schals, Mützen, Fahnen und Hosen und
Jacken in den Vereinsfarben. Zudem wird die Kleidung mit Vereinsstickern sowie
mit Unterschriften der Spieler ihres Vereines übersät. Dabei spiegelt der Verschlei-
ßungsgrad der Kleidung, auch Kutte genannt, die Treue und starke Zugehörigkeit des
Fans an seinen Verein wider. Meist ist der Fußball die einzige Freizeitbeschäftigung
dieser Fans. Ihr Verhalten äußert sich auch mit der Behauptung ihres Fanblockes, -

---

[32] Darstellung gemäß: Spohrer. In: Stein (Hrsg.), 2003, S.71.
[33] Darstellung gemäß: Spohrer. Zitiert nach: Heitmeyer & Peter, 1992. In: Stein (Hrsg.), 2003, S.71-75.

kurve und auch mit bestimmten Ritualen.[34] Die Fangruppen liefern ihnen *„…Raum für ihre Selbstdarstellung, der Identiftätsfindung und der Befriedigung von emotionalen, affektiven Bedürfnissen nach Spannung, Abenteuer und Risiko".*[35] Sie gehören meist einer Freundes- oder Kneipenclique an oder sind Mitglieder eines Fanclubs. Die Fanclubs sind entweder gemäßigter Natur, die mit ihrem Verein in Kontakt steht, oder ein chaotischer Club. Meist orientieren sich die Verhaltensregeln der Clubs an Kameradschaften, Solidarität, Mut, männlicher Härte und Zuverlässigkeit. Jedoch lehnt die Mehrheit der friedlichen B-Fans Gewalt ab, weil sie die Ansicht vertreten, dass das Fehlverhalten der gewaltigen B-Fans ihr Image schädigt. Durch die Kutte fällt das Fehlverhalten, also das gewalttätige Verhalten, auf den Verein zurück. Daher kommt es auch vor, dass Fanclubs die gewaltgeneigten, polizeilich auffällig gewordenen Mitglieder, von ihren Clubs ausschließen. Die gewaltgeneigten B-Fans identifizieren sich so stark mit ihren Vereinen, das bei einem Sieg ihr Selbstwert- und Machtgefühl gesteigert und bei einer Niederlage Frustration empfunden wird. Die Kombination von Frust, Enttäuschung und Alkohol führt bei ihnen zu Aggressionen. Auch falsch empfundene Schiedsrichterentscheidungen während eines Spieles können zu aggressiven Verhalten führen.[36] Zu Gewalttaten nach einem Spiel kommt es aber meist nur dann, wenn die Niederlagen als ungerecht empfunden wurden.[37]

Der *erlebnisorientierte Fan,* der auch als „Hooligan" bezeichnet wird, gilt als gewaltsuchender Fan der Kategorie C-Fans. Diese Fans sind darauf aus, nicht das Spiel anzuschauen, sondern spannungsgeladene Situationen auszunutzen, um gewalttätige Auseinandersetzungen zu provozieren. Was auch aus psychologischer Sicht betrachtet in Einzelfällen auffällt ist, dass diese Hooligans aus allen sozialen Schichten stammen, sich dabei auch teilweise um Börsenmakler und sogar Polizisten handelt.[38]

Die Kategorie C-Fans kann man weiterhin in drei Untergruppierungen teilen. Zunächst gibt es den harten Kern, kampferprobter 20- bis 30-jährige Hooligans, die meist strafrechtlich in Erscheinung getreten sind. Sie planen die Taktik und versuchen vor, während und nach dem Spiel die Konfrontation zu suchen. Daneben

---

[34] Darstellung gemäß: Spohrer. In: Stein (Hrsg.), 2003, S.72
[35] Darstellung gemäß: Spohrer. Zitiert nach: Pilz & Hahn, 1988. In: Stein (Hrsg.), 2003, S.72
[36] Darstellung gemäß: Spohrer. In: Stein (Hrsg.), 2003, S.72
[37] Darstellung gemäß: Spohrer. Zitiert nach: Salewski et al. (1985). In: Stein (Hrsg.), 2003, S.73
[38] Darstellung gemäß: Spohrer. In: Stein (Hrsg.), 2003, S.73-74

gibt es die sogenannten Inszenierer, bei denen es sich um unter 20-jährige heranwachsende handelt. Sie versuchen sich meist durch körperliche Auseinandersetzungen hervorzuheben, um in den harten Kern der C-Fans aufgenommen zu
werden. Diese Fans sind noch wenig polizeilich in Erscheinung getreten.
Die Mitläufer bilden als dritte Gruppe der C-Fans die Größte. Hierbei handelt es sich
um Jugendliche, die sich von der Gewalt faszinieren lassen, jedoch einer direkten
Konfrontation mit Gegner aus dem Weg gehen.[39]

Durch psychologische Ansätze und Untersuchungen kann man allgemein normale
Fans von Gewalttätern in folgenden Punkten unterscheiden. Gewalttätige Fans
interessieren sich nicht für das Spiel, sondern sind auf der Suche nach gewalttätigen
Auseinandersetzungen. Sie kleiden sich normal bis hin zu teuren Edelmarken. Sie
lehnen Alkohol meist ab, um bei Auseinandersetzungen körperlich noch fit zu sein.
Ins Stadion werden alle Arten von Waffen geschmuggelt, die am Körper beziehungsweise in der Kleidung leicht zu verstecken sind. Meist werden auch die Waffen
aufgrund der Einlasskontrollen außerhalb des Stadions deponiert. Zu den Feindbildern dieser Fans zählen neben den gegnerischen Fans, Spielern und rivalisierenden
Gruppen auch die Polizei und die Sicherheits-/ Ordnungskräfte.

4.3 Mögliche Ursachen für Gewalt bei Fans

An einer einheitlichen Aussage über die Entstehung von Gewalt bei Fans fehlt es.
Jedoch wird der Schwerpunkt auf zwei Umstände gelegt. Zum einem wird zur
Erklärung für gewaltige Ausschreitungen bei Fußballspielen auf externe Faktoren
und zum anderen auf individuumzentrierte sozialpsychologische Faktoren
zurückgegriffen.

Externe Faktoren können zum Beispiel sein, die zu frühe Übertragung von Verant-
wortung und Selbstbestimmung, obwohl die Person noch gar nicht selbstständig ist.
Ein weiterer externer Faktor kann der Druck der „kalten Erfolgsgesellschaft" auf den
Einzelnen sein oder die drohende Jugendarbeitslosigkeit. Auch erlebnisarme Wohn-
siedlungen, wo Kinder, Jugendliche und Heranwachsende sich in ihrer Freizeit nicht
sinnvoll beschäftigen können, könnte eine mögliche Ursache für Gewalt darstellen.
Weiterhin könnte die nicht Identifizierbarkeit mit den bestehenden Werten und
Normen zu solch einem Verhalten führen. Aber auch die zunehmende Gewalt-
toleranz in der Gesellschaft spielt eine Rolle. Bei gewalttätigen Ausschreitungen bei

---

[39] Darstellung gemäß: Spohrer. Zitiert nach: Kerr, 1994. In: Stein (Hrsg.), 2003, S.74

Fußballspielen werden aber meist individuumzentrierte sozialpsychologische Theorien zur Erklärung für die Ursache der Gewalt herangezogen.[40] Zum Beispiel die Erklärung,

„der Besuch des Spiels diene dem Abbau destruktiver Energien"[41] oder *„das aggressive Verhalten sei an gesellschaftlichen Modellen gelernt"*[42] oder *„es sei die Folge einer Erwartungshaltung der Umwelt, die den Fan über die Medien so lange in die kriminelle Ecke stelle, bis er das „wunschgemäße" Verhalten zeigt"*[43].

Da diese Aussagen, beziehungsweise diese Begründungen sehr abstrakt erklärt sind, wurden durch Lösel et al. (2001) 33 Hooligans intensivst zu ihren Gewaltausbrüchen in Bezug auf Fußballspiele befragt. Durch diese Befragung konnte man die Aggressionen auf Identitätskrisen und Autoritätskrisen zurückführen.

Die Identitätskrise konnte durch die Befragung auf biografische Einflussfaktoren, also auf aggressive, beziehungsweise verwöhnende Erziehung, sowie auf Schulprobleme und Arbeitslosigkeit zurückgeführt werden. Des Weiteren wurde die Ursache damit erklärt, dass die Aggressivität in der personalen Struktur angelegt ist und oft begleitet wird, von krimineller Auffälligkeit und der Sympathie für politisches rechtes Gedankengut. Dies zeigt, dass diese Personen nicht gelernt haben, mit Enttäuschung umzugehen und dadurch ihr Annerkennungsbedürfnis ausdrücken. Auch die Angst, im Leben zu versagen, setzt Energien frei, die in Gewalt umschlagen. Sie rechtfertigen die Gewalt mit ihren Feindbildern und sehen diese Gewalt als Schutz ihrer Person an.

Gewalttäter, die sich in einer Autoritätskrise befinden, haben entweder in ihrer Erziehung starke oder kaum Autorität erlebt. Sie haben auch nicht gelernt, Probleme konstruktiv zu lösen oder ihre Grenzen zu akzeptieren. Des Weiteren haben sie in ihrem Leben die Aggressionen als erfolgreiches Kommunikationsmittel kennengelernt, zum Beispiel weil sie selbst einmal Gewalt erfahren oder am Modell gelernt haben. Gefühle zu zeigen wird als Schwäche und somit auch als bedrohlich angesehen.

Bei jugendlichen Gewalttätern erkennt man jedoch, dass diese unbewusst eine

---

[40] Darstellung gemäß: Spohrer. In: Stein (Hrsg.), 2003, S.75
[41] Darstellung gemäß: Spohrer. Zitiert nach: Freud & Breuer, 1895. In: Stein (Hrsg.), 2003, S.76
[42] Darstellung gemäß: Spohrer. Zitiert nach: Bandura & Walters, 1963. In: Stein (Hrsg.), 2003, S.76
[43] Darstellung gemäß: Spohrer. Zitiert nach: Lemert, 1951; Becker, 1973. In: Stein (Hrsg.), 2003, S.76

Instanz suchen, die ihnen Regeln und Grenzen setzt. Die Polizei wird daher von ihnen als Autorität akzeptiert, die sich Respekt verschaffen und Forderungen durchsetzen kann. Dieses Bedürfnis nach Autorität kann die Polizei für sich nutzen, um Gewalttaten bereits im Vorfeld durch entschlossenes und konsequentes Eingreifen zu verhindern.

4.4 Analyse der Gewalt unter Fans

Während eines Fußballspieles müssen die Zuschauer und Fans auf den Stehplätzen ihre private Schutzzone aufgeben. Sie stehen meist Schulter an Schulter, so dass eine ausreichende Bewegungsfreiheit nicht gegeben ist. Die Gewalttäter machen sich unbewusst einige massenpsychologische Phänomene zunutze. Durch das eng nebeneinander Stehen entsteht Stress, die die Gewalttäter als positiv erregende Spannung interpretieren. Sie vermitteln ihren Mitgliedern und Mitläufern durch die Masse eine Sicherheit der Anonymität und das Gefühl der Stärke. Hierbei vergisst der Einzelne seine Selbstverantwortung. Mit der Unterstützung ihres Vereines durch gemeinschaftliche Aktionen, wie Gesänge, Schlachtrufe und rhythmische Bewegungen in Verbindung mit der Emotionalisierung, schließt sich das Mitglied und der Mitläufer eher Fluchtbewegungen aber auch körperlichen Auseinandersetzungen an. Wer diesen Konflikt scheut, wird von der Zugehörigkeit ausgeschlossen, da er den Ehrenkodex verletzt. Werden bei diesen Handgreiflichkeiten Verletzungen zu gezogen oder kommt es zu einer Festnahme, steigert dies das Ansehen des Einzelnen in der Gruppe.

Gewalttäter, also C-Fans, machen sich unbewusst psychologische Ansätze zu nutze. Sie schmeicheln sich bei B-Fans ein, indem sie ihnen Alkohol anbieten. Wird der Gewalttäter von dieser Gruppe akzeptiert, versucht er Schlägereien mit gegnerischen Fans zu provozieren, in dem Glauben, das die B-Fans sich dem Ehrenkodex „alle für einen" verpflichtet fühlen und ihn dabei unterstützt.

Die Gewalttäter, also Hooligans, lehnen übermäßigen Alkoholgenuss ab und nutzen dessen Wirkung bei den Anderen aus.

Ein wichtiger Gesichtspunkt aus psychologischer Sicht ist auch, dass die Gewalttäter die gegnerischen Fans vor und nach dem Spiel in der Nähe des Bahnhofes oder in der Stadt erwarten und diese auch körperlich angreifen. Um ein erfolgreiches Abfangen der gegnerischen Fans zu gewährleisten, organisieren sie sich bereits im Vorfeld per Handy, indem sie in kleinen Gruppen umherwandern und die Standorte der Gegner an die Anderen mitteilen. Diese Vorgehensweise dient dazu, um die Polizei auszutricksen, damit der Angriff auf die Gegner Erfolg verspricht und bringt ihnen Bewunderung und Anerkennung. Kurz vor dem Übergriff sammeln sich die Fans an einem zuvor vereinbarten Treffpunkt. Obwohl die Polizei bei ihren Angriffen mit in ihre Planung einbezogen wird, benötigen sie die Polizei gleichzeitig auch als Sicherheitsfaktor, damit diese bei Schlägereien frühzeitig eingreifen können, um die Schlägereien nicht ausarten zu lassen. Damit übertragen sie die Verantwortung ihres zuvor eingeleiteten Handelns. Wie bereits erwähnt wurde, kommt die Polizei auch dem Bedürfnis vieler Fans nach Autorität unbewusst nach. Im Gegensatz zu den Stadionordnern oder Sicherheitskräften im Stadion wird die Polizei respektiert und eine körperliche Auseinandersetzung mit ihnen meist vermieden.[44]

4.5 Psychologische Handlungshinweisen für die Polizei

Damit die Polizei bei solchen brisanten Fußballspielen vorbereitet ist und um gewaltige Auseinandersetzungen bereits im Vorfeld zu minimieren beziehungsweise zu vermeiden, wurde ein Merkblatt entwickelt, die den Polizeibeamten und der Polizeiführung effektive Handlungshinweisen für die Praxis an die Hand gibt. Die Handlungshinweise sehen wie folgt aus:

Bereits bei Eintreffen der Fangruppen am Spielort sollen diese beobachtet, begleitet und voneinander getrennt werden. Durch eingesetzte Ordner des Stadions oder durch private Sicherheitskräften oder aber auch durch Polizeibeamte sollen bereits am Eingang die Fans kontrolliert werden, um gefährliche Gegenstände, aggressions-bereite sowie bereits erheblich alkoholisierte Fans gefiltert werden. Durch den Einsatz von erfahrenen Beamten in der Fußballszene, die die Rituale und Werthal-tungen der Fans berücksichtigen und bereits im Vorfeld situationsgerechte Handlungskonzepte entwickelt haben sollten, können Gewaltdelikte vermieden werden. Damit die bereits im Vorfeld genannte Anonymität des Einzelnen in der Gruppe aufgehoben wird, sollten die Beamten jederzeit versuchen, das Gespräch mit dem Einzelnen Fan zu suchen. Sie sollten sich auch nicht durch provozierende Parolen und Gesänge aus der Ruhe bringen lassen, sondern eher gelassen darauf reagieren.

Um von Störern geplante gewalttätige Aktionen zu verhindern, sollten die Beamten durch offene Präsenz erkennen lassen, dass sie jederzeit zur Durchsetzung repressiver Maßnahmen bereit sind.

---

[44] Darstellung gemäß: Spohrer. In: Stein (Hrsg.), 2003, S.76-78.

Auch der demonstrative Einsatz von Dokumentationsmitteln könnte geplante gewaltige Aktionen verhindern.

Bei Ausschreitungen oder sich anbahnenden Aktionen führt die gezielte Ergreifung von Leitfiguren von Gruppen zur Abschwächung des Gewaltpotenzials innerhalb der Gruppierung.

Bei beginnenden Ein- und Durchbruchsbewegungen sollten die Beamten zügig mit starken Kräften diese verhindern.[45]

5. Fazit

Die Geschichte der Polizeipsychologie hat aufgezeigt, dass sie für die Polizei aber auch für die Gesellschaft eine sehr wichtige Rolle spielt. In den Anfängen war die Polizei noch verschlossen gegenüber der Wissenschaft. Mit der Zeit wurde die Psychologie jedoch in die Polizei, wenn auch nicht als einen eigenständigen Dienst, integriert. Obwohl manche Bundesländer bereits die Wichtigkeit der polizeipsychologischen Tätigkeiten innerhalb der Polizei erkannt und Polizeipsychologische Dienste eingerichtet haben, widersetzen sich noch viele Bundesländer gegen diese enge Zusammenarbeit. Der Grund dafür ist, dass der Polizeipsychologe sich der Wissenschaft und der wahren Erkenntnis verpflichtet fühlt, wobei die Polizei sich an Recht und Gesetz gebunden sieht. Diese Diskrepanz wird vermutlich noch weiterbestehen bleiben.

Dennoch lässt die Polizei in Zukunft hoffen, da sie sich langsam aber stetig der Wissenschaft öffnet. Das erkennt man daran, dass die Polizei früher nur Untersuchungen an wissenschaftliche Institutionen vergeben hat, wobei sie heute erlaubt, selbst zum Untersuchungsobjekt der Wissenschaft zu werden.

Der frühere Wunsch der Psychologen, noch stärker institutionalisiert zu werden, beziehungsweise als festes Personal in einer zentralen Informations- und Koordinierungsstelle tätig zu werden, bleibt weiterhin bestehen.

---

[45] Darstellung gemäß: Spohrer. In: Stein (Hrsg.), 2003, S.81

Literaturverzeichnis

Literatur

Egg, Rudolf: „Brennpunkte der Rechtspsychologie", 1990

Hermanutz, Max, 2006. Graphiken 1-3. Darstellung gemäß: Schmalzl: Internet: http://www.psychologie.uni-mannheim.de/fspsycho/downloads/2006.10.10_BIV_HWS_06_-_Vortrag_Hermanutz_-_Polizeipsychologie.pdf [Stand: 28.01.2007]

Latscha, Knut, München, 2005, S.115; Internet: http://edoc.ub.uni-muenchen.de/archive/00003250/01/Latscha_Knut.pdf [Stand: 01.02.2007]

Lorei, Clemens (Hrsg.): „Polizei & Psychologie" : „Kongressband der Tagung „Polizei & Psychologie" am 18. und 19. März 2003 in Frankfurt am Main". Frankfurt am Main 2003

Pospeschill, Markus, o.J, Internet: http://72.14.221.104/search?q=cache:LgsEMWwy-tUJ:www.uni-saarland.de/fak5/psy/V1.pdf+psychologie+Begriffsbestimmung&hl=de&ct=clnk&cd=5&gl=de [Stand: 25.01.2006]

Stein, Frank (Hrsg.): „Grundlagen der Polizeipsychologie". München 2003

Stangl, Werner: Internet: http://www.stangl-taller.at/ARBEITSBLAETTER/WISSENSCHAFTPSYCHOLOGIE/PsychologieZeit tafel.shtml [Stand: 20.02.2007]

Walter, Oliver, ohne Jahr. Internet: http://www.verhaltenswissenschaft.de/Psychologie/Geschichte_der_Psychologie/ges chichte_der_psychologie.htm [Stand: 25.01.2007]

Verordnungen und Erlasse

Darstellung gemäß: Fachbereichsrat Polizeivollzugsdienst, Studienordnung, 13.01.2004

Reader, Ausgabe 2006, zum Curriculum vom 06.08.2001 zum Studium an der FHöV NRW, Psychologie, S.4

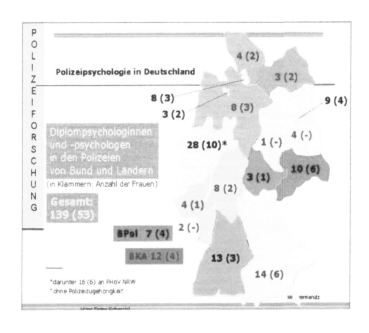

POLIZEIFORSCHUNG

Polizeipsychologie in Deutschland

Diplompsychologinnen
und -psychologen
in den Polizeien
von Bund und Ländern
(in Klammern: Anzahl der Frauen)

Gesamt:
139 (53)

BPol 7 (4)

BKA 12 (4)

*darunter 16 (6) an FHöV NRW
' ohne Polizeizugehörigkeit

4 (2)
3 (2)
8 (3)
3 (2)
8 (3)
9 (4)
28 (10)*
1 (-)
4 (-)
10 (6)
3 (1)
8 (2)
4 (1)
2 (-)
13 (3)
14 (6)

Polizeipsychologie in Deutschland

Tätigkeiten in den Psychologischen Diensten

Personalentwicklung	16
Personalauswahl	21
Aus- und Fortbildung	26
Beratung	25
Betreuung	20
Forschung	9
Projektarbeiten	8
Öffentlichkeitsarbeit	2
Einsatzunterstützung	16
Unterstützung Spezialeinheiten	4
Unterstützung Verhandlungsgruppen	6
Unterstützung krim. Ermittlungsarbeit	5
Operative Fallanalyse	7
Führungsaufgaben	3

Mehrfachnennungen der in den Psychologischen Diensten beschäftigten Psychologen

Max Hermanutz

Hans Peter Schmalzl

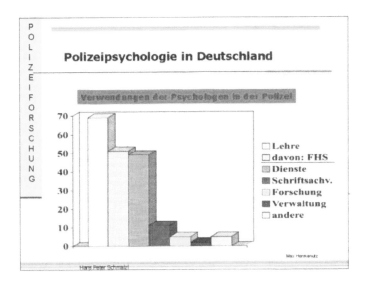

Polizeipsychologie in Deutschland

Verwendungen der Psychologen in der Polizei

Lehre
davon: FHS
Dienste
Schriftsachv.
Forschung
Verwaltung
andere

Max Hermanutz

Hans Peter Schmalzl